The Old Fashioned Taking-Away Book

The no-nonsense book
of practice in
taking-away
(with answers)

 Ward Lock Educational Co. Ltd.

WARD LOCK EDUCATIONAL CO. LTD.
1 CHRISTOPHER ROAD
EAST GRINSTEAD
SUSSEX RH19 3BT

A MEMBER OF THE LING KEE GROUP
HONG KONG • SINGAPORE • LONDON • NEW YORK

© Elizabeth Thimont • Ward Lock Educational Co. Ltd.
All rights reserved. No part of this publication may be reproduced, stored in a retrieval system, or transmitted in any form or by any means, electronic, mechanical, photocopying, recording or otherwise, without the prior written permission of the Publisher.

First published – 1983
Reprinted – 1992

ISBN 0-7062-4148-7

Note to the reader
Pencil in your answers lightly so that you can rub them out and practise again. You can check your answers at the back of the book.

Other titles in this series:
The Old Fashioned Rules of Punctutation Book
ISBN 0 7062 4123 1
The Old Fashioned Rules of Grammar Book
ISBN 0 7062 3850 8
The Old Fashioned Rules of Spelling Book
ISBN 0 7062 4085 5
The Old Fashioned Handwriting Book
ISBN 0 7062 4139 8
The Old Fashioned Multiplication Book
ISBN 0 7062 4121 5
The Old Fashioned Division Book
ISBN 0 7062 4122 3
The Old Fashioned Adding-Up Book
ISBN 0 7062 4086 3
The Old Fashioned Mental Arithmetic Book
ISBN 0 7062 4160 6
The Old Fashioned Times Table Book
ISBN 0 7062 3749 8

Printed in Hong Kong

Take away these units.
The first one is done for you.

1. 7 − 4 = 3
2. 8 − 3 =
3. 9 − 2 =
4. 6 − 5 =
5. 8 − 2 =
6. 3 − 1 =
7. 5 − 3 =
8. 7 − 1 =
9. 4 − 2 =
10. 9 − 1 =
11. 9 − 4 =
12. 6 − 3 =
13. 4 − 3 =
14. 2 − 1 =
15. 9 − 6 =
16. 5 − 5 =
17. 8 − 0 =

**You can set them out like this:
The first one is done for you.**

1.   7
  − 4
    3

2.   9
  − 7
  _____

3.   5
  − 1
  _____

4.   8
  − 5
  _____

5.   6
  − 2
  _____

6.   7
  − 5
  _____

7.   5
  − 4
  _____

8.   9
  − 8
  _____

9.   4
  − 4
  _____

10.   3
  − 2
  _____

11.   7
  − 6
  _____

12.   3
  − 0
  _____

13.   7
  − 2
  _____

14.   8
  − 3
  _____

Look at these tens and units numbers. The first one is done for you. Fill in the rest of the boxes.

1. 28 means 2 tens and 8 units

2. 35 means ☐ tens and ☐ units

3. 46 means ☐ tens and ☐ units

4. ☐ means 5 tens and 7 units

5. 42 means ☐ tens and ☐ units

6. ☐ means 1 ten and 9 units

7. ☐ means 8 tens and 4 units

8. ☐ means 6 tens and 3 units

9. 22 means ☐ tens and ☐ units

10. 60 means ☐ tens

11. ☐ means 4 tens

12. ☐ means 3 tens

13. 50 means ☐ tens

14. ☐ means 1 ten

15. 90 means ☐ tens

This is how to take away tens and units.

Always remember to take away the units column first.

1.
T	U
5	7	= 5 tens and 7 units.
− 3	2	= 3 tens and 2 units.
2	5	= 2 tens and 5 units.

2.
T	U
8	5	= ☐ tens and ☐ units.
− 1	3	= ☐ tens and ☐ units.
		= ☐ tens and ☐ units.

3.
T	U
7	3	= ☐ tens and ☐ units.
− 4	2	= ☐ tens and ☐ units.
		= ☐ tens and ☐ units.

4.
T	U
6	4	= ☐ tens and ☐ units.
− 3	1	= ☐ tens and ☐ units.
		= ☐ tens and ☐ units.

5.
T	U
3	5	= ☐ tens and ☐ units.
− 2	3	= ☐ tens and ☐ units.
		= ☐ tens and ☐ units.

Look at this take away sum:

$$48 - 36 =$$

Set it out in columns like this with the larger number on top:

```
  4 8
- 3 6
-----
```

Then carry on as before.

Now practise with these:

1. $39 - 14 =$
   ```
   T U
   3 9
  -1 4
   ---
   ```

2. $45 - 33$
   ```
   T U
   
   -
   ---
   ```

3. $67 - 45$
   ```
   T U
   
   -
   ---
   ```

4. $99 - 37$
   ```
   T U
   
   -
   ---
   ```

5. $92 - 31$
   ```
   T U
   
   -
   ---
   ```

6. $64 - 4$
   ```
   T U
   
   -
   ---
   ```

7. $36 - 5$
   ```
   T U
   
   -
   ---
   ```

8. $24 - 10$
   ```
   T U
   
   -
   ---
   ```

Sometimes the unit part of the top number is too small.

Look at this take away sum. You cannot take 7 from 2, so break down a ten from the tens column into ten units. This leaves you with 12 units, with 3 tens remaining.

$$\begin{array}{r} 42 \\ -17 \\ \hline \end{array}$$

Twelve take away seven is five, and three take away one is two.

$$\begin{array}{r} ^{3}4^{1}2 \\ -17 \\ \hline 25 \end{array}$$

Practise with these:

1. $\begin{array}{r} 92 \\ -16 \\ \hline \end{array}$ 2. $\begin{array}{r} 71 \\ -33 \\ \hline \end{array}$

3. $\begin{array}{r} 55 \\ -16 \\ \hline \end{array}$ 4. $\begin{array}{r} 34 \\ -19 \\ \hline \end{array}$

5. $\begin{array}{r} 62 \\ -33 \\ \hline \end{array}$ 6. $\begin{array}{r} 47 \\ -29 \\ \hline \end{array}$

7. $\begin{array}{r} 66 \\ -48 \\ \hline \end{array}$ 8. $\begin{array}{r} 42 \\ -34 \\ \hline \end{array}$

Correct any mistakes before you turn over.

A practice page.

1.   54
    − 27
    _____

2.   31
    − 18
    _____

3.   68
    − 39
    _____

4.   43
    − 29
    _____

5.   96
    − 77
    _____

6.   73
    − 24
    _____

7.   83
    − 78
    _____

8.   60
    − 32
    _____

9.   57
    − 48
    _____

10.   34
    − 29
    _____

11.   45
    − 16
    _____

12.   42
    − 19
    _____

13.   80
    − 76
    _____

14.   17
    − 8
    _____

Very good! Correct any mistakes then turn over.

You can use the same method to take away (or subtract) hundreds, tens and units.

Look at this sum.

```
    H T U
    9 4 7
  - 3 2 5
    ─────
    6 2 2
```

Now practise with these. Always start with the units column.

1.
```
    H T U
    6 4 5
  - 3 1 4
  ───────
```

2.
```
    H T U
    3 3 7
  - 1 2 6
  ───────
```

3.
```
    H T U
    4 7 3
  - 2 2 3
  ───────
```

4.
```
    H T U
    6 5 9
  - 3 2 8
  ───────
```

5.
```
    H T U
    7 5 3
  - 4 5 1
  ───────
```

6.
```
    H T U
    8 6 6
  - 3 5 0
  ───────
```

7.
```
    H T U
    4 8 7
  - 2 1 7
  ───────
```

8.
```
    H T U
    6 5 4
  -   3 3
  ───────
```

Here are some more difficult subtraction sums. You may need to break down tens or hundreds.

Look at how this one is done

```
   3 4 2        3 ³4 ¹2       ²3 ¹³4 ¹2
 - 1 5 8  →   - 1 5 8   →   - 1 5 8
 _____      _____     _____
                      4         1 8 4
```

Now practise with these:

1. 583
    − 365
    _____

2. 836
    − 465
    _____

3. 317
    − 165
    _____

4. 786
    − 456
    _____

5. 634
    − 144
    _____

6. 446
    − 279
    _____

7. 943
    − 815
    _____

8. 566
    − 394
    _____

9. 213
    − 137
    _____

10. 304
    − 165
    _____

Very good! Correct any mistakes then turn over.

Test page

1. 9 − 5 =   2. 8 − 6 =

3.   7
 − 4
―――

4.   63
− 41
―――

5. 37 − 21
   T U

   −
 ―――

6. 85 − 34
   T U

   −
 ―――

7.   61
− 37
―――

8.   72
− 45
―――

9.   34
− 27
―――

10.   50
 − 31
 ―――

11.   657
 − 334
 ―――

12.   842
 − 327
 ―――

13.   518
 − 336
 ―――

14.   915
 − 666
 ―――

Did you get them all right? If you did − well done! If not − keep trying!

Answers

Page 1
1. 3 **2.** 5 **3.** 7 **4.** 1 **5.** 6 **6.** 2 **7.** 2 **8.** 6 **9.** 2 **10.** 8 **11.** 5 **12.** 3 **13.** 1 **14.** 1 **15.** 3 **16.** 0 **17.** 8

Page 2
1. 3 **2.** 2 **3.** 4 **4.** 3 **5.** 4 **6.** 2 **7.** 1 **8.** 1 **9.** 0 **10.** 1 **11.** 1 **12.** 3 **13.** 5 **14.** 5

Page 3
1. — **2.** 3 tens and 5 units **3.** 4 tens and 6 units **4.** 57 **5.** 4 tens and 2 units **6.** 19. **7.** 84 **8.** 63 **9.** 2 tens and 2 units **10.** 6 tens **11.** 40 **12.** 30 **13.** 5 tens **14.** 10 **15.** 9 tens

Page 4
1. — **2.** 72 **3.** 31 **4.** 33 **5.** 12

Page 5
1. 25 **2.** 12 **3.** 22 **4.** 62 **5.** 61 **6.** 60 **7.** 31 **8.** 14

Page 6
1. 76 **2.** 38 **3.** 39 **4.** 15 **5.** 29 **6.** 18 **7.** 18 **8.** 8

Page 7
1. 27 **2.** 13 **3.** 29 **4.** 14 **5.** 19 **6.** 49 **7.** 5 **8.** 28 **9.** 9 **10.** 5 **11.** 29 **12.** 23 **13.** 4 **14.** 9

Page 8
1. 331 **2.** 211 **3.** 250 **4.** 331 **5.** 302 **6.** 516 **7.** 270 **8.** 621

Page 9
1. 218 **2.** 371 **3.** 152 **4.** 330 **5.** 490 **6.** 167 **7.** 128 **8.** 172 **9.** 76 **10.** 139

Page 10
1. 4 **2.** 2 **3.** 3 **4.** 22 **5.** 16 **6.** 51 **7.** 24 **8.** 27 **9.** 7 **10.** 19 **11.** 323 **12.** 515 **13.** 182 **14.** 249